MARCELLIN MOREAU

LES RONDES

DU COUVENT

Poésies enfantines

AVEC LA MUSIQUE DES AIRS APPROPRIÉS AUX RONDES

PARIS

LAROUSSE ET BOYER, LIBRAIRES-ÉDITEURS

49, RUE SAINT-ANDRÉ-DES-ARTS, 49

LES
RONDES DU COUVENT

Chaque exemplaire est revêtu de la signature des Éditeurs.

MARCELLIN MOREAU

LES RONDES

DU COUVENT

Poésies enfantines

AVEC LA MUSIQUE DES AIRS APPROPRIÉS AUX RONDES

PARIS

LAROUSSE ET BOYER, LIBRAIRES-ÉDITEURS

40, RUE SAINT-ANDRÉ-DES-ARTS, 40

1859

OUVRAGES DU MÊME AUTEUR.

— ◆ —

Paris. — Imprimerie de Éd. BLOT et Cⁱᵉ, rue Saint-Louis, 46
(Ancienne maison Dondey-Dupré.)

PRÉFACE

On regrette, et avec raison, de rencontrer, dans la plupart des refrains populaires, une mollesse de ton ou des crudités de langage qui interdisent à des lèvres pures des couplets marqués d'ailleurs au coin de l'esprit et de la gaîté française.

D'une autre part, l'insignifiante médiocrité de quelques-unes de ces chansons et de ces rondes, la frivolité des autres, ont en général bien compromis tout le genre. Et il est tel ouvrage de littérature classique, si sévère et si dur à cet endroit, que, malgré la conscience de ses bonnes intentions et ses convictions littéraires, le pauvre auteur rougit pour la chanson et la ronde sa sœur, et hésite un moment, pour ce qui le concerne, à encourir sa part de l'anathème.

Mais pourquoi condamner en bloc? Si on supprimait toutes les choses dont la malice humaine peut abuser, on aurait grandement à faire, et les meilleures n'échapperaient pas à la proscription générale. Non, il vaut mieux redresser l'arbuste que de le briser, et ranger sa maison que de la brûler. Le meilleur moyen de corriger les passions n'est pas toujours de les comprimer violemment, mais d'en changer l'objet, substituant le bien au mal si on le peut, ou du moins, à défaut de mieux, un aliment inoffensif au poison qui allait tuer une âme innocente.

Une petite personne, dont les yeux vifs et curieux n'étaient que depuis quatre ans seulement ouverts au spectacle de ce monde, et dont l'expérience était en raison du nombre des années, avise un jour, dans un de ses inventaires du logis paternel, sur une table, un beau couteau tout neuf, à la lame bien affilée. De la vue au désir, et du désir à l'exécution, il n'y eut qu'un pas, ou plutôt ce fut tout un. Le couteau est capturé, et voici la petite fille taillant à droite et à gauche, dans le papier et dans le bois, des oiseaux, des fleurs, ou, plus exactement, mille jolis riens sans nom, et cela au risque d'entailler vingt fois ses petits doigts roses et potelés. — Que vois-je! s'écria tout à coup la maman dont l'enfant venait de surprendre la vigilance, laisse cela, mon ange, tu te ferais mal; si tu savais combien ce couteau est méchant! — Le petit ange n'était nullement de cet avis, et trouvait au contraire le couteau charmant et de bonne amitié. Il fallut parlementer, et.

dans ce débat, l'avantage ne se trouvait pas du côté des rai-
sonnements. L'enfant criait bien fort et n'entendait rien, quand
la mère, à bout de raisons, aperçut fort à propos un couteau
à papier en corne transparente. A la vue de ce brillant objet
qui lui est triomphalement offert par la tendresse maternelle,
et par elle adroitement substitué au dangereux instrument,
l'enfant sourit, abandonne le couteau pour ce nouveau joujou,
et l'innocente créature put sans danger continuer ses jeux
enfantins.

C'est là, en deux mots, l'histoire de ces *Rondes*. Les rondes !
délassement plein d'action et de vie, qui repose l'esprit des
jeunes filles au sortir de la classe et de l'étude, et anime le
foyer de la famille pendant les longues soirées d'hiver, ou la
pelouse des prairies, sous de frais ombrages, pendant les beaux
jours. Les rondes ! innocent passe-temps, dont la naïve et
bruyante gaîté n'a rien de commun avec ces danses passion-
nées dont s'alarme justement la vertu réservée et timide.

On croit donc rendre service aux pensions religieuses, aux
familles chrétiennes, à la jeunesse qui a les goûts simples de
son âge, en publiant ce qui d'abord n'avait servi qu'à amuser
les loisirs des nièces de l'auteur et des jeunes filles d'un couvent voisin, d'où est venu à ces rondes le nom de *Rondes du
couvent*.

Les airs sont, à l'exception do deux, des mélodies populaires, auxquelles j'ai substitué do nouvelles paroles, en tâchant de rester dans le caractère et le mouvement du chant. Celle musique, très-facile du reste, a donc fait déjà ses preuves, et on s'apercevra facilement à l'exécution qu'elle no manque ni d'entrain ni de grâce. Les choses médiocres no reçoivent guère cette consécration de la popularité.

Mais en voilà bien assez pour un si petit livre. Puisse-t-il ajouter quelque plaisir aux plaisirs purs de l'enfant, faire envoler plus vite quelque nuage resté sur un jeune front, prolonger au delà même de la jeunesse la franche gaîté de cet âge, et l'auteur aura recueilli de son travail le plus doux, le seul fruit qu'il ambitionne.

RONDES DU COUVENT

SAUTEZ, CLÉMENTINE
RONDE-PRÉFACE

Musique de M. J. L. Sillier

Donnez la main, ma-de-moi-sel-le,

Aux nôtres, mê-lez vo-tre voix. Vol-ti-gez comme une

hi-ron-del-le Sur le ta-pis vert des grands bois.

On ai-me la grâce en-fan-ti-ne Qui, sans cal-cul, s'i-

gnore encor. Ah! sau-tez, sau-tez, sau-tez, Clé-men-ti-ne,

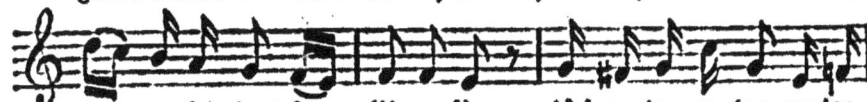

La ronde vient de l'â-ge d'or. Ah! sautez, sautez, sautez,

Clé-men-ti-ne, La ron-de vient de l'â-ge d'or.

1

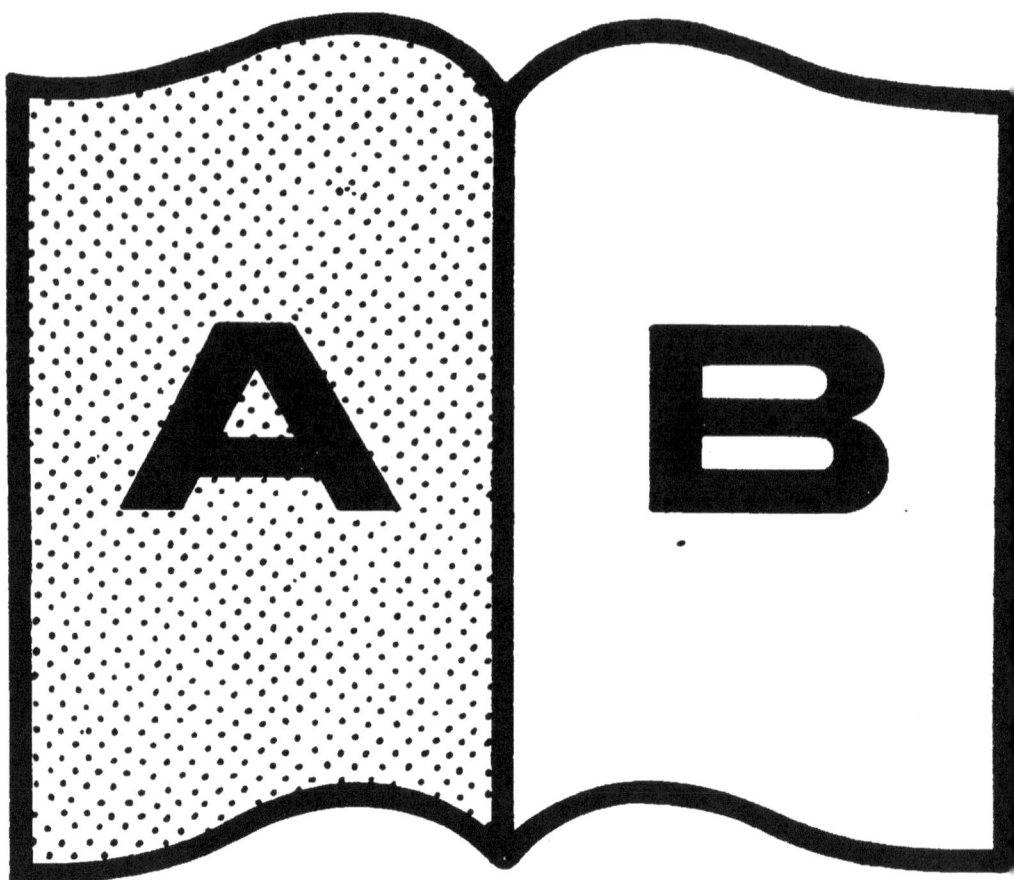

Contraste insuffisant

NF Z 43-120-14

Donnez la main, mademoiselle,
Aux nôtres mêlez votre voix.
Voltigez comme une hirondelle
Sur le tapis vert des grands bois.
On aime la grâce enfantine
Qui, sans calcul, s'ignore encor.
Ah ! sautez, sautez, Clémentine, } bis,
La ronde vient de l'âge d'or.

On dit que pour grandir plus vite
On a besoin de mouvement.
Chantez, sautez, courez, petite,
Et restez bonne en grandissant.
En plus d'un cas, pour médecine,
Le docteur prescrit la gaieté.
Ah ! sautez, sautez, Clémentine, } bis,
La ronde entretient la santé.

Lorsque l'aiguille ou l'écriture
Lassent les yeux, coupent les bras,
Sans crime on peut à la nature
Permettre d'innocents ébats.
Au lieu de prendre, à la sourdine,
Un passe-temps séditieux,
Ah ! sautez, sautez, Clémentine, } bis,
Qui saute bien, travaille mieux.

Pendant que vous dansez en ronde,
Quatre commères du canton,
En regardant passer le monde,
A chacun lancent un lardon.

Évitez cette humeur chagrine,
Source d'ennuis et de tracas.
Ah ! sautez, sautez, Clémentine, ⎫
Quand on saute, on ne médit pas. ⎬ *bis.*
⎭

Plus tard, vers la fin du voyage,
S'engourdiront ces pieds légers ;
Que d'épines dans le passage !
Sous les fleurs même, quels dangers !
Pourtant, redoutez moins l'épine
Que la fleur des sentiers battus.
Ah ! sautez, sautez, Clémentine, ⎫
Plus tard, vous ne sauterez plus. ⎬ *bis.*
⎭

LA SAGESSE VIENT EN SAUTANT

Al - lons, chè - re jeu-nes - se, En ron-de qu'on s'em-
pres-se; Peut - ê - tre, la sa - ges - se En saulant nous viendra. Tra- la la la la la la, tra la la la la la la, tra
la la la la la la la la la, tra la la la la la.

Allons, chère jeunesse,
En ronde qu'on s'empresse,
Peut-être la sagesse
En sautant nous viendra.
  Tralalala, etc.

Une petite fille
Qui mange, dort, s'habille,
Et tout le jour babille,
Jamais rien n'apprendra.
  Tralalala, etc.

La vilaine qui boude,
Et dans un coin s'accoude

En nous poussant du coude,
A l'écart laissons-la.
   Tralalala, etc.

On loue une fillette
Rangée et bien proprette;
Mais fi ! de la coquette
Qui fait de grands fla fla.
   Tralalala, etc.

Jamais ne devient grande
La petite friande
Qui sans cesse demande
Puis ceci, puis cela.
   Tralalala, etc.

Travaillons sans relâche :
L'enfant distraite et lâche
Qui néglige sa tâche
Perd l'argent du papa.
   Tralalala, etc.

A la bonne maîtresse,
Qui nous aime et nous presse,
Obéissons sans cesse,
Et Dieu nous bénira.
   Tralalala, etc.

L'ENTRÉE A LA PENSION

C'é - tait vers le temps de l'A - vent Que je quit -
- tai ma mè - - re, Pour al - ler ap - pren tre au cou -
- vent, L'his-toire et la gram - mai - - re. J'eus beau pleu -
- rer, cri - er, hé - las! Mon pè - re ne m'é-cou - tait pas.

C'était vers le temps de l'Avent
    Que je quittai ma mère,
Pour aller apprendre au couvent
    L'histoire et la grammaire.
J'eus beau pleurer, crier, hélas!
Mon père ne m'écoutait pas.

Je trouvai les sœurs au salon :
    Vers moi vite on s'empresse.
L'une me donnait un bonbon,
    Et l'autre, une caresse.
Je prenais goût à ce beau jeu;
Mais, par malheur, il dura peu.

Bientôt quatre sœurs m'escortaient
  Dans une salle immense,
Où vingt petites tricotaient
  Et lisaient en silence.
Je dis, en les voyant ainsi :
Faudra-t-il donc me taire aussi !

Fallut en effet travailler,
  Contre mon habitude,
Prendre l'aiguille ou le cahier
  Pour la classe ou l'étude.
J'eusse aimé mieux courir les bois,
Mais je n'en avais point le choix.

Au réfectoire, cependant,
  J'étais plus à mon aise,
Bien qu'assise sur un long banc
  Qui tenait lieu de chaise.
Là, j'oubliai tout mon courroux
En mangeant de la soupe aux choux.

Puis on alla se divertir :
  C'était bien mon affaire.
J'étais la première à partir,
  La dernière à me taire.
Et sans la cloche, assurément,
J'aurais parlé plus longuement.

J'espérais, en voyant passer
  Cette longue journée,
Pouvoir au lit me délasser
  La grasse matinée;

Et je disais : bon! nous voici
Pour jusqu'au jour sans nul souci.

Mais pendant que, sans édredon,
    Je ronflais à merveille,
Soudain voici : drelin! dondon!
    La cloche qui m'éveille.
Je crus entendre, à tout ce bruit,
Sonner la messe de minuit.

Hélas! on nous faisait sauter
    Du lit avant l'aurore,
Pour lire, écrire, et puis compter,
    Puis compter, lire, encore.
Je ne pouvais suffire à tout :
C'était à n'en pas voir le bout.

A la maîtresse, en larmoyant,
    Je dis : J'ai la colique.
Pour tout remède, en souriant,
    La bonne sœur réplique :
A la diète ayez recours,
Ne mangez rien pendant trois jours.

Me voyant par l'arrêt fatal
    Réduite à la famine,
Je me dis : N'ayons plus de mal,
    Et faisons bonne mine.
Ce que voyant, on a tant ri,
Que j'en eus l'estomac guéri.

Depuis, sans faire de façons,
  Je me mets à l'ouvrage.
Je brode, j'apprends mes leçons,
  Et barbouille ma page.
Et je m'aperçois qu'au total
Je ne m'en trouve pas trop mal.

LA VOIX DU CHATEAU

BALLADE

Solo

J'aime, au ma-tin, quand nait l'au-be nou-

-vel-le,   A res-pi-rer   les parfums du su-reau.

Choeur

Du haut du co-teau, Si vert, si beau, Qui nous ap-

-pel-le?   Du haut du co-teau, Qui nous ap-

-pelle Au châ-teau?   La la la la   la   la la la la

la la   la la la la   la   la la la la la.

J'aime, au matin, quand naît l'aube nouvelle,
A respirer les parfums du sureau.

CHŒUR

Du haut du coteau,
Si vert, si beau,
Qui nous appelle?
Du haut du coteau,
Qui nous appelle
Au château?

Le brouillard monte, et s'allonge en tourelle;
Le vent frémit comme un doux chant d'oiseau.

CHŒUR

Du haut du coteau, etc,

Est ce ta voix, ô brave sentinelle
A qui ces murs servirent de tombeau?

CHŒUR

Du haut du coteau, etc.

Est-ce la voix de haute damoiselle,
Du Béarnais saluant le drapeau?

CHŒUR

Du haut du coteau etc;

Est-ce la voix de l'humble pastourelle,
Qui dans ces lieux conduisait son troupeau?

CHŒUR

Du haut du coteau, etc.

Ah! c'est la voix, la douce voix de Celle
Qu'ici, jadis, invoqua le hameau,

CHŒUR

Du haut du coteau, etc.

« Venez, enfants, à l'école, dit-elle;
« On n'apprend bien qu'auprès du saint berceau.»

CHŒUR

Du haut du coteau, etc.

« Vous formerez vos cœurs sur ce modèle,
« Et deviendrez douces comme un agneau. »

CHŒUR

Du haut du coteau, etc.

« Passez, passez, comme fait l'hirondelle;
« Des faux plaisirs évitez le réseau.»

CHŒUR

Du haut du coteau, etc.

« Pour l'incendie, il faut une étincelle;
« Et, pour l'éteindre, on n'a pas assez d'eau. »

CHŒUR

Du haut du coteau, etc.

« Venez, venez prier dans ma chapelle :
« Là, de la Foi s'allume le flambeau.»

CHŒUR

Du haut du coteau, etc.

« Vous grandirez à l'abri sous mon aile :
« Je soutiendrai le fragile roseau. »

CHŒUR
Du haut du coteau, etc.

« Au doigt béni de la vierge fidèle,
« De mon cher fils je passerai l'anneau.»

CHŒUR
Du haut du coteau, etc.

« Si les courants emportent la nacelle,
« Pour voile, alors, arborez mon manteau. »

CHŒUR
Du haut du coteau, etc.

« Puis, jusqu'au port de la vie éternelle
« Je guiderai sans dangers le vaisseau. »

CHŒUR
Du haut du coteau, etc.

La voix se tait; mais, plus fraîche et plus belle,
La fleur du lis tremble au bord du ruisseau.

CHŒUR
Du haut du coteau, etc.

En tressaillant, la blanche tourterelle
A roucoulé sur le haut de l'ormeau.

CHŒUR

Je sais, du coteau
Si vert, si beau,
Qui nous appelle.
Je sais du coteau
Qui nous appelle
Au château.

Ce château, c'est le couvent où l'enfance grandit heureuse et pure, et abritée contre les dangers du monde. Cette voix mystérieuse et douce, c'est celle de Marie, dont la chapelle s'élève sur les ruines d'un ancien sanctuaire qui lui était consacré. Elle invite la jeunesse à venir se former auprès du berceau de son divin fils, figuré par les pieux asiles de l'enfance chrétienne.

UNE JOURNÉE A LA SALLE D'ASILE

Musique de M. Moreau.

Solo

Le so-leil bril-le, Pe-ti-te fil-le, Ou-vre les yeux. Près de ta mè-re, Fais ta pri-è-re D'un cœur joy-eux.

Chœur

La la la la la la la la la la la la la la la la la la la la la la la la la la.

Le soleil brille :
Petite fille,
Ouvre les yeux.
Près de ta mère,
Fais la prière,
D'un cœur joyeux.

Dieu que j'adore,
Tu fais encore
Luire un beau jour.
Fais, par la grâce,
Que je le passe
Dans ton amour.

Salle d'asile,
Séjour tranquille
D'enfants bruyants,
A notre escorte
Ouvre ta porte
A deux battants.

Pour bien apprendre
Il faut entendre
La bonne sœur.
Et qui l'écoute
Suivra la route
Du vrai bonheur.

Le chant commence,
Vite en cadence,
Bras, ouvrez-vous.
L'arithmétique
Mise en musique
Nous charme tous.

Calcul, lecture,
Vont en mesure
Du même pas.
Ici, la classe
Jamais ne lasse
Que les deux bras.

Ainsi nos heures
Dans ces demeures
Vont en chantant ;

Car l'innocence
Donne à l'enfance
Un cœur content.

Mais la journée
Est terminée,
Bénissons Dieu.
Chaque famille
Attend sa fille:
Mes sœurs, adieu.

LE MÉNAGE DE BICHETTE

Al-lons, lè - ve - toi, Ma bi-chet-te, Ma bi-
chet-te, Al-lons, lè - ve - toi, Ma bi - chette, Et réponds-
moi. — Faut quit-ter, je voi, Ma cou-chet-te, Ma cou-
chet-te, Faut qu t-ter, je voi, Ma cou-chette : Mais pourquoi ?

—Allons, lève-toi,
　　Ma Bichette,
　　Et réponds-moi.
—Faut quitter, je voi,
　　Ma couchette :
　　Mais pourquoi ?

—Va prendre au bercail,
　　Dès l'aurore,
　　Ton bétail.
—Mais, je crains l'*égail :*
　　Plus encore
　　Le travail.

—Chacun de son lit,
  Sans paresse
  Déguerpit.
— Moi, je sors du lit
  Quand me presse
  L'appétit.

—Fais-tu bien souvent
  Ta toilette?
  Et puis, comment?
—Je mets par moment,
  Ma chaussette
  Au lieu'de gant.

—Est-ce qu'au matin,
  Tu décrasses
  Chaque main?
—Je lave ma main
  Dans les *casses*
  Du chemin.

—Prends garde au jupon
  Qui pendille
  A ton talon?
—Pour le tenir bon
  J'ai l'aiguille
  Du buisson.

—Ma Bichette, enfin,
  Peigne-t-elle
  Bien son crin?

—J'ai pour peigne fin
La râtelle
Du jardin.

—Ne laves-tu pas
Ta soupière
Et ton pot gras?
—Je lave, là-bas,
Dans l'ornière
Tous mes plats.

—Feras-tu longtemps
Ton ménage
A contre-temps?
—Non, car, je prétends
Être sage
A quarante ans.

LE FADET

Dans u - ne grotte im-men -se, Chut! c'est le fa -
- det! Dans u - ne grotte im-men -se, Chut! c'est le fa -
- det! Sur le flanc du val-lon, Gai! sau-tons en ca
- den-ce! Sur le flanc du vallon, C'est le fa-det fri - pon!

Dans une grotte immense,
  Chut! c'est le fadet! } *bis.*
Sur le flanc du vallon,
Gai! sautons en cadence!
Sur le flanc du vallon,
C'est le fadet fripon!

Fixa sa résidence,
  Chut! c'est le fadet! } *bis.*
Un vieux fadet, dit-on.
Gai! sautons en cadence!
Un vieux fadet, dit-on.
C'est le fadet fripon!

C'est le mari, je pense, } bis.
  Chut! c'est le fadet!
D'une fée en renom.
Gai! sautons en cadence!
D'une fée en renom.
C'est le fadet fripon !

Ou, soit dit sans offense, } bis.
  Chut! c'est le fadet!
Un lutin folichon.
Gai! sautons en cadence!
Un lutin folichon.
C'est le fadet fripon !

Ou quelque pire engeance, } bis.
  Chut! c'est le fadet!
Mais, qu'importe le nom.
Gai! sautons en cadence!
Mais, qu'importe le nom.
C'est le fadet fripon !

De sa grotte il s'élance, } bis.
  Chut! c'est le fadet!
Quand chante le grillon.
Gai! sautons en cadence!
Quand chante le grillon.
C'est le fadet fripon !

Chaque nuit en silence, } bis.
  Chut! c'est le fadet!
Il erre en ce canton.

Gai! sautons en cadence!
Il erre en ce canton.
C'est le fadet fripon!

Il singe de l'enfance, } bis.
  Chut! c'est le fadet!
Le naturel brouillon.
Gai! sautons en cadence!
Le naturel brouillon.
C'est le fadet fripon!

Dans nos greniers il lance, } bis.
  Chut! c'est le fadet!
La pomme ou le marron.
Gai! sautons en cadence!
La pomme ou le marron.
C'est le fadet fripon!

Il rend la graisse rance, } bis.
  Chut! c'est le fadet!
Et vide le cruchon.
Gai! sautons en cadence!
Et vide le cruchon.
C'est le fadet fripon!

D'un air sévère il lance, } bis.
  Chut! c'est le fadet!
La petite grognon.
Gai! sautons en cadence!
La petite grognon.
C'est le fadet fripon!

En pleine contredanse, ⎱ bis.
 Chut! c'est le fadet! ⎰
Il défait son chignon,
Gai! sautons en cadence!
Il défait son chignon.
C'est le fadet fripon!

Il frotte d'importance, ⎱ bis.
 Chut! c'est le fadet! ⎰
L'espiègle ou le bouffon,
Gai! sautons en cadence!
L'espiègle ou le bouffon,
C'est le fadet fripon!

Qu'il trouve en pénitence, ⎱ bis.
 Chut! c'est le fadet! ⎰
Assis sur son talon.
Gai! sautons en cadence!
Assis sur son talon.
C'est le fadet fripon!

Pour punir l'indolence, ⎱ bis.
 Chut! c'est le fadet! ⎰
Il prend fil et coton.
Gai! sautons en cadence!
Il prend fil et coton.
C'est le fadet fripon!

Puis il lance et relance, ⎱ bis.
 Chut! c'est le fadet! ⎰
Vingt fois le peloton.

Gai ! sautons en cadence !
Vingt fois le peloton.
C'est le fadet fripon !

Malgré sa malfaisance, ⎱ bis.
 Chut ! c'est le fadet ! ⎰
Parfois il semble bon.
Gai ! sautons en cadence !
Parfois il semble bon.
C'est le fadet fripon !

Il berce en leur absence, ⎱ bis.
 Chut ! c'est le fadet ! ⎰
Des mères le poupon.
Gai ! sautons en cadence !
Des mères le poupon.
C'est le fadet fripon !

Pendant l'hiver il danse, ⎱ bis.
 Chut ! c'est le fadet ! ⎰
Sur le bout du tison.
Gai ! sautons en cadence !
Sur le bout du tison.
C'est le fadet fripon !

Et l'été se balance, ⎱ bis.
 Chut ! c'est le fadet ! ⎰
Aux branches du houblon.
Gai ! sautons en cadence !
Aux branches du houblon.
C'est le fadet fripon !

3

Il fait peu de dépense, ⎫
  Chut! c'est le fadet ! ⎭ *bis.*
N'a que l'eau pour boisson.
Gai! sautons en cadence !
N'a que l'eau pour boisson.
C'est le fadet fripon!

Et pour toute pitance, ⎫
  Chut! c'est le fadet ! ⎭ *bis.*
La feuille du cresson.
Gai ! sautons en cadence !
La feuille du cresson.
C'est le fadet fripon !

Mais sobre en apparence, ⎫
Chut! c'est le fadet ! ⎭ *bis.*
Tout seul il est glouton.
Gai! sautons en cadence!
Tout seul il est glouton.
C'est le fadet fripon!

Et cache dans sa panse, ⎫
  Chut! c'est le fadet ! ⎭ *bis.*
La poule ou le chapon.
Gai ! sautons en cadence!
La poule ou le chapon.
C'est le fadet fripon!

Telle est son existence, ⎫
  Chut ! c'est le fadet ! ⎭ *bis.*
Vous le croirez ou non.

Gai ! sautons en cadence !
Vous le croirez ou non.
C'est le fadet fripon !

Je tiens cette romance, } *bis.*
  Chut ! c'est le fadet !
D'un chansonnier gascon.
Gai ! sautons en cadence !
D'un chansonnier gascon.
C'est le fadet fripon !

BERTHE OU L'ENFANT GATÉ

Ja-dis vi - vait en Al - le - ma - gne, A - vec sa
fille, en un fau - bourg De Stras - bourg, De Stras -
- bourg, Un pa - la - din de Char - le - ma - gne, Sol - dat gro -
- gnard, Mais in - dulgent vieil - lard. Un pa - la - din de Char - le -
- ma - gne, Sol - dat gro - gnard, Mais in - dul - gent vieil - lard.

Jadis vivait en Allemagne,
Avec sa fille, en un faubourg
De Strasbourg, (*bis.*)
Un paladin de Charlemagne,
Soldat grognard,
Mais indulgent vieillard.

Trop indulgent, comme l'histoire
Le démontre en plus d'un couplet,
Que j'ai fait. (*bis.*)

Sa fille était, l'on peut m'en croire,
    En vérité,
  Un enfant trop gâté.

On la nommait Berthe la blonde;
Elle avait de fort beaux cheveux,
    De grands yeux. (*bis.*)
Pour son malheur, beaucoup de monde
    Le répétait,
  Et l'enfant s'en vantait.

Son café, chaque matinée,
Elle prenait, sans appétit,
    Dans son lit. (*bis.*)
Et croustillait, dans la journée,
    De tous côtés,
  Des débris de pâtés.

Elle était prompte à la menace,
Mais avait des retours charmants,
    Par moments, (*bis.*)
Et s'empressait de bonne grâce,
    Quand on faisait
  Tout ce qui lui plaisait.

Quand on voulait la faire lire
Dans un beau livre orné de fleurs
    En couleurs, (*bis.*)
Berthe de pleurer et de dire
    Qu'elle en aura
  La fièvre, *et cætera.*

3.

Son papa, craignant une crise
De nerfs, ou de je ne sais quoi,
    Plein d'émoi, (*bis.*)
Laissait Berthe faire à sa guise.
    Vous pensez bien
    Qu'elle ne faisait rien.

Ainsi faisant, grandissait Berthe,
Et ses défauts croissaient aussi ;
    Quel souci ! (*bis.*)
Mais le ciel empêcha sa perte,
    Comme je vas
    Vous le dire plus bas.

Un jour, le roi dit à son père :
Arme-toi, viens et repoussons
    Les Saxons. (*bis.*)
La paix suivit de près la guerre ;
    Mais au foyer
    Manqua plus d'un guerrier.

Berthe, longtemps, d'un père tendre
Attendit en vain, chaque jour,
    Le retour. (*bis.*)
Mais ses tuteurs, lassés d'attendre,
    En moins de rien,
    Pillèrent tout son bien.

Plus de bonbons, nulle caresse ;
Pour un enfant gâté, bien sûr
    Que c'est dur. (*bis.*)

Berthe faisait dans sa détresse,
      Tardivement,
   Ce beau raisonnement.

Par une fermière accueillie,
Elle gagnait par le tricot
      Son écot. (*bis.*)
Et mangeait avec sa bouillie
      Gaiement, le soir,
   Un morceau de pain noir.

Elle dormait sur la feuillée
Mieux qu'autrefois sous ses rideaux
      A carreaux. (*bis.*)
Elle filait à la veillée,
      Et quelquefois
   Lisait au coin des bois.

Prompte au travail, modeste et belle,
Berthe devint bientôt, non pas
      Sans combats, (*bis.*)
Des jeunes filles le modèle;
      Tous au château
   L'aimaient comme au hameau.

Ni le château, ni le village
Ne pouvaient guérir la douleur
      De son cœur. (*bis.*)
D'un père absent la douce image,
      Le jour, la nuit,
   L'afflige et la poursuit.

Or, un beau soir, que, de la sorte,
Berthe filait d'un air distrait,
    Et pleurait, (*bis.*)
Un chevalier frappe à la porte
    En s'écriant :
    Berthe, ma chère enfant !

Berthe, à ces mots, tombe éperdue;
Mais le bonheur rouvre ses yeux
    Radieux. (*bis.*)
A son père elle était rendue :
    Et dans ses bras,
    Vieux guerrier, tu pleuras.

Berthe, depuis cette aventure,
Vécut heureuse tout le cours
    De ses jours. (*bis.*)
Maintenant, que faut-il conclure
    De tout ceci?
    Mes enfants, le voici :

Défiez-vous des croquignoles
Et des biscuits qu'offrent des gens
    Obligeants, (*bis.*)
Et n'en croyez pas les paroles
    De ceux qui vous
    Appellent des bijoux.

LA BOURRIQUE

Par ha - sard, un jour de foi - re, En che -
- min j'ai ren - con - tré La vieil - le mè - re Gré - goi - re, Qui me -
- nait son âne au pré. Et dans l'air le fouet cla - quait, Hue!
a - hi! mon â - ne. Et dans l'air le fouet cla - quait, Hue! a - hi
donc! mon bour - ri - quet. Hue! a - hi donc! mon bour - ri - quet.

Par hasard, un jour de foire,
En chemin j'ai rencontré
La vieille mère Grégoire
Qui menait son âne au pré.

REFRAIN.

Et dans l'air le fouet claquait,
Hue! ahi! mon âne,
Et dans l'air le fouet claquait,
Hue! ahi donc! mon bourriquet.

Cet âne ou cette bourrique
Ne l'était pas tout à fait.
Il faut que je vous explique
Comment cela s'était fait.

Et dans l'air le fouet claquait, etc.

On dit, et je le répète,
Que c'était, au temps jadis,
Une petite fillette
La plus rêche du pays.

Et dans l'air le fouet claquait, etc.

Elle feignait, à l'école,
De regarder ses leçons,
Et jouait à *pigeon vole*
Dès qu'on tournait les talons.

Et dans l'air le fouet claquait, etc.

Sa maman fut bien capote,
Lorsque vint le jour des prix,
En voyant que sa Lolotte
N'avait rien du tout appris.

Et dans l'air le fouet claquait, etc.

Cette maman, bien en peine,
Prit sa fille et se rendit
Loin, bien loin, vers sa marraine,
Une fée en grand crédit.

Et dans l'air le fouet claquait, etc.

—Lolotte ne veut rien faire,
Dit l'autre d'un air malin,
Eh bien! qu'elle apprenne à braire,
Et porte sacs au moulin.

Et dans l'air le fouet claquait, etc.

Crac! d'un seul coup de baguette,
Robe bleue a disparu,
Et fait place à la toilette
D'un petit ânon bourru;

Et dans l'air le fouet claquait, etc.

Adieu donc, bouche vermeille,
Adieu, blanc petit bonnet
A droite, à gauche, l'oreille
Monte et se roule en cornet,

Et dans l'air le fouet claquait, etc.

Voyant sa métamorphose,
L'enfant veut crier : Maman!
Mais on n'entend autre chose
Que : hi han! hi han! hi han!

Et dans l'air le fouet claquait, etc.

—Tu resteras, dit la fée,
Pour servir d'enseignement,
Ainsi vêtue et coiffée
Jusqu'à bon amendement.

Et dans l'air le fouet claquait, etc.

Mais du jour où la paresse
Partira, tu reprendras
Ton teint rose et ta jeunesse,
Tes chansons et tes ébats.

Et dans l'air le fouet claquait, etc.

La paresse, il faut le croire,
Est un mal qui tient longtemps,
Puisque la mère Grégoire
Mène encor sa fille aux champs.

Et dans l'air le fouet claquait,
   Hue ! ahi ! mon âne.
Et dans l'air le fouet claquait,
Hue ! ahi donc ! mon bourriquet.

QUAND DONC COMMANDERAI-JE

Il me faut un nouveau ru-ban : Je veux u- ne mantil - le. Il me faut un nouveau ru-ban : Je veux u- ne man-til - le. Ain-si par-lait à sa ma- man, Gai! ri-ez, sau-tez, lon la la, Ain-si par- lait à sa ma-man, U-ne pe-ti-te fil - - le.

Il me faut un nouveau ruban :
   Je veux une mantille. } bis.
Ainsi parlait à sa maman,
Gai! riez, sautez, lon la la,
Ainsi parlait à sa maman
   Une petite fille.

Mais la maman fait les gros yeux,
   Et répond à Marie : } bis.
Il ne faut pas dire : Je veux.

Gai! riez, sautez, lon la la,
Il ne faut pas dire : Je veux,
   Mais : Veuillez, je vous prie.

Hélas! reprend l'enfant mutin,   }*bis.*
   Qui boude sur son siége,
Moi, j'obéis soir et matin,
Gai! riez, sautez, lon la la,
Moi, j'obéis soir et matin,
   Quand donc commanderai-je?

— Je vois auprès de l'hôpital,   }*bis.*
   Un vieux troupier qui passe;
Prends ses galons de caporal,
Gai! riez, sautez, lon la la,
Prends ses galons de caporal,
   Et commande à sa place.

— Ce commandement me tiendrait }*bis.*
   Encor trop à l'attache.
Puis, sous le nez il me faudrait,
Gai! riez, sautez, lon la la,
Puis, sous le nez il me faudrait
   Une vieille moustache.

— Eh bien, je t'assure vraiment   }*bis.*
   Qu'avec un peu d'usage,
Tu conduirais un régiment,
Gai! riez, sautez, lon la la,
Tu conduirais un régiment
   Bien mieux que le ménage.

— Maman, ce que vous dites là
  A mieux faire m'excite ;
Mais disiez-vous comme cela,
Gai! riez, sautez, lon la la,
Mais disiez-vous comme cela
  Quand vous étiez petite ?

                } *bis.*

—Sans doute, la jeunesse était
  Du joug très-peu friande ;
Pourtant l'enfant se soumettait,
Gai! riez, sautez, lon la la,
Pourtant l'enfant se soumettait,
  De nos jours il commande.

                } *bis.*

— Il faut obéir de bon cœur,
  Oui, j'en conviens sans doute,
Et vais le redire à ma sœur ;
Gai! riez, sautez, lon la la,
Et vais le redire à ma sœur,
  Qui jamais ne m'écoute.

                } *bis.*

LA MALADIE DE FANCHON

De - puis la pro - me - na - - de, Et

ron, ron, ron, pe - tit pa - ta-pon, Fan-chon est bien ma-

- la - - de D'un grand mal au ta - lon, Ron,

ron, D'un grand mal au ta - - lon.

Depuis la promenade,
Et ron. ron, ron, petit patapon,
Fanchon est bien malade
D'un grand mal au talon,
Ron, ron,
D'un grand mal au talon.

L'une à Fanchon conseille,
Et ron, ron, ron, petit patapon,
Un emplâtre d'oseille,
L'autre, un coup de bâton,
Ron, ron,
L'autre, un coup de bâton.

La meilleure recette,
Et ron, ron, ron, petit patapon,
Est un coup de lancette;
Mais Fanchon dit que non,
 Ron, ron,
Mais Fanchon dit que non.

Offrons-lui des pastilles,
Et ron, ron, ron, petit patapon;
Pour les petites filles,
C'est un calmant fort bon,
 Ron, ron,
C'est un calmant fort bon.

Ou, suivant la formule,
Et ron, ron, ron, petit patapon,
Une amère pilule
Dans un gros macaron,
 Ron, ron,
Dans un gros macaron.

Ou de l'eau vulnéraire,
Et ron, ron, ron, petit patapon,
Qui ne saurait lui faire
Ni bien, ni mal, dit-on,
 Ron, ron,
Ni bien, ni mal, dit-on.

Sur chaque médecine,
Et ron, ron, ron, petit patapon,
Pendant que l'on opine,
On entend un fredon,
 Ron, ron,
On entend un fredon.

Aussitôt, tout le monde,
Et ron, ron, ron, petit patapon,
S'ébranle pour la ronde,
Au premier rang Fanchon,
      Ron, ron,
Au premier rang Fanchon.

Longtemps sauta la belle,
Et ron, ron, ron, petit patapon,
Sans ressentir, dit-elle,
Aucun mal au talon,
      Ron, ron,
Aucun mal au talon.

Enfin, sans menterie,
Et ron, ron, ron, petit patapon,
Fanchon était guérie
Quand finit la chanson,
      Ron, ron,
Quand finit la chanson.

LA POLITESSE

La po - li - tes - se vient du cœur, Au cœur el -
- le s'adres - se. Joignez-y la grâce, elle est sœur Sœur de la
po - li - tes - se. Parlons, parlons bas, Ou ne parlons
pas, Et de nous et des nô - tres. Cachons le dé -
- faut; Mais parlons tout haut Du mé - ri - te des au - tres.

La politesse vient du cœur,
Au cœur elle s'adresse.
Joignez-y la grâce, elle est sœur,
Sœur de la politesse.

Parlons, parlons bas,
Ou ne parlons pas
Et de nous et des nôtres.

Cachons le défaut,
Mais parlons tout haut
Du mérite des autres.

La politesse, etc.

Prends ces chasselas,
Disait Nicolas
A Simon, son compère ;
Nous en sommes las,
Ne t'en prive pas ;
Nous ne savons qu'en faire.

La politesse, etc.

Près des gens d'honneur
Qu'atteint le malheur
Tel passe haut la tête,
Qui se fait petit
Devant un habit
Porté par une bête.

La politesse, etc.

Qu'un trait innocent
Me blesse en passant,
J'en ris, et je pardonne ;
Mais j'éviterais
De briller jamais
Aux dépens de personne.

La politesse, etc.

L'air fait la chanson :
Peu sert d'être bon,
Si la bouche grimace.
Berthe offre son or,
Jenny plus encor :
Elle donne avec grâce.

La politesse, etc.

LA LINOTTE

Je connais bien u-ne Li-not-te, Mais les plu-mes de cet oi-seau, Mais les plu-mes de cet oi-seau Ne tien-nent qu'à sa ca-po-te, Son bon-net ou son cha-peau. Et la la Li-not-te not-te, La Li-not-te la voi-là!

Je connais bien une linotte,
Mais les plumes de cet oiseau   (*bis.*)
  Ne tiennent qu'à sa capote,
Son bonnet ou son chapeau.
    Et la
La linotte la voilà!

Bien qu'elle n'ait pas de plumage,
Cette linotte porte un bec,   (*bis.*)
  Qui fait seul bien du ramage,
Et nous tient tous en échec.
    Et la
La linotte la voilà!

Lorsque, dans sa joie enfantine,
Elle bondit à travers les champs,   (bis.)
  La linotte à chaque épine
  Laisse un bout de ses volants.
      Et la
  La linotte la voilà!

Elle a toujours son œil en quête
Pour voir qui rentre ou bien qui sort, (bis.)
  Et les portes et sa tête
  Vont par le même ressort.
      Et la
  La linotte la voilà!

Cette linotte apprend très-vite,
En prose, en vers, maint long morceau, (bis.)
  Quitte à l'oublier ensuite,
  Pour l'apprendre de nouveau.
      Et la
  La linotte la voilà!

A sa maman qui la châtie,
Elle promet cent fois par mois (bis.)
  De n'être plus étourdie...
  Jusqu'à la prochaine fois.
      Et la
  La linotte la voilà!

Elle a du moins de la franchise, (bis.)
Et malgré ses petits défauts;

La linotte, quoi qu'on dise,
Est la perle des oiseaux,
    Et la
La linotte la voilà.

Nota. Pour en faire une ronde d'imitation, les jeunes filles peuvent se désigner mutuellement par une inclination de tête, en chantant le refrain, à moins que l'une d'elles accepte le rôle de la linotte, en se plaçant au centre de la ronde.

LE VETO DU PAPA

Je vous dirais bien un secret,
Si papa ne nous entendait.
Compagnes, faites bien le guet.
  Papa m'entend-il? — Oui. —
    De la colline
    L'ombre s'incline,
Et du grillon j'entends le cri.

Veux-je interrompre mes leçons
Pour folâtrer sur les gazons,
Papa me dit : Viens, repassons.
   Papa m'entend-il? — Oui. —
     Le troupeau quitte
     Les monts bien vite,
Et du grillon j'entends le cri.

Lorsque l'on vient de me gronder,
Que maman veut tout accorder,
Papa dit : Laissez-la bouder.
   Papa m'entend-il? — Oui. —
     Dans sa chaumière
     Dort la bergère,
Et du grillon j'entends le cri.

Laissé-je ma part de gâteau
Pour choisir un plus gros morceau,
Papa dit : L'autre est assez beau.
   Papa m'entend-il? — Oui. —
     La fleur est close,
     L'oiseau repose,
Et du grillon j'entends le cri.

Parlé-je de moi, de mes goûts,
Papa me dit, tout en courroux :
Mademoiselle, taisez-vous.
   Papa m'entend-il? — Oui. —
     Dans le cytise
     Frémit la brise,
Et du grillon j'entends le cri.

Ma robe irait parfaitement
Avec un troisième volant;
Mais, dit papa, c'est trop d'argent.
   Papa m'entend-il? — Oui. —
     L'étoile brille,
     Le ver scintille,
Et du grillon j'entends le cri.

Sortant d'un massif de jasmin,
Et de Fanny prenant la main,
Apparaît ce père inhumain.
   Fanny m'entend-elle? — Oui. —
     Sous la ramure
     Le vent murmure,
De Fanny ce n'est point le cri.

Au vent s'incline le rameau,
L'herbage suit le fil de l'eau,
A sa mère obéit l'agneau.
   Fanny m'entend-elle? — Oui. —
     La brise arrive
     Faible et plaintive,
De Fanny ce n'est point le cri.

Fanny répond en souriant :
Il faut laisser gémir le vent,
Non, non, papa n'est point méchant.
   Papa m'entend-il? — Oui. —
     En grondant même
     Toujours il m'aime,
Quel bon papa! voilà mon cri.

LE DÉJEUNER DU BOA

Si j'ai bonne mémoire, Eh! eh! eh! ah! ah! ah! Je vous dirai l'histoire De la pe-tite An-na, Ah! ah! ah! ah! De la pe-tite An-na.

Si j'ai bonne mémoire,
Eh! eh! eh! ah! ah! ah!
Je vous dirai l'histoire
De la petite Anna,
   Ah! ah! ah! ah!
De la petite Anna.

C'était la fille unique,
Eh! eh! eh! ah! ah! ah!
D'un marchand qui d'Afrique
En France l'amena,
   Ah! ah! ah! ah!
En France l'amena.

Anna, pour être heureuse,
Eh! eh! eh! ah! ah! ah!
Était trop curieuse.
C'est bien vilain cela;
   Ah! ah! ah! ah!
C'est bien vilain cela.

Voici qu'un jour son père,
Eh! eh! eh! ah! ah! ah!
Lui dit : Je sors, ma chère,
Ne regarde pas là,
   Ah! ah! ah! ah!
Ne regarde pas là.

L'épreuve était trop forte,
Eh! eh! eh! ah! ah! ah!
Anna poussa la porte,
Et la porte céda,
   Ah! ah! ah! ah!
Et la porte céda.

Quelle frayeur mortelle,
Eh! eh! eh! ah! ah! ah!
En voyant devant elle
Se dresser un boa,
   Ah! ah! ah! ah!
Se dresser un boa!

Cette pauvre petite,
Eh! eh! eh! ah! ah! ah!
Crie en vain et s'agite,

Appelant son papa,
　Ah! ah! ah! ah!
Appelant son papa.

Elle en perdait la tête,
Eh! eh! eh! ah! ah! ah!
Et d'un seul coup la bête
Sans mâcher l'avala,
　, Ah! ah! ah! ah!
Sans mâcher l'avala.

Trouvant sa fille à dire:
Eh! eh! eh! ah! ah! ah!
Le bon papa soupire:
« Serpent, qu'as-tu fait là?»
　Ah! ah! ah! ah!
« Serpent, qu'as-tu fait là?»

Vite, on l'oblige à prendre,
Eh! eh! eh! ah! ah! ah!
Un bol qui lui fait rendre
Tout ce qu'au ventre il a,
　Ah! ah! ah! ah!
Tout ce qu'au ventre il a.

Anna sort de la gueule,
Eh! eh! eh! ah! ah! ah!
Sans mal; sa robe seule
En chemin se foula,
　Ah! ah! ah! ah!
En chemin se foula.

La petite personne,
Eh! eh! eh! ah! ah! ah!
Trouva la leçon bonne,
Et depuis s'amenda,
    Ah! ah! ah! ah!
·Et depuis s'amenda.

Prenez-la pour modèle,
Eh! eh! eh! ah! ah! ah!
Corrigez-vous comme elle,
Mais sans passer par là,
    Ah! ah! ah! ah!
Mais sans passer par là.

LES RÉFORMES DE CHLOÉ

Chlo-é trou-ve qu'en ce mon-de Bien des cho-ses ne vont pas. Et sa sa-ges-se pro-fon-de Nous pro-po-se plu-sieurs cas. Es-say-ez ça, Lan-de-ri-rette, Et l'on ver-ra, Lan-de-ri-ra

Chloé trouve qu'en ce monde
Bien des choses ne vont pas,
Et sa sagesse profonde
Nous propose plusieurs cas.

    Essayez ça,
    Landerirette,
    Et l'on verra,
    Landerira.

Chloé n'aime pas la mode
D'obéir cent fois le jour,
Et trouverait plus commode
De commander à son tour.

> Essayez ça,
> Landerirette,
> Et l'on verra,
> Landerira.

D'amusements jamais lasse,
Au travail se plaisant peu,
Chloé prendrait sur la classe
Afin d'allonger le jeu.
> Essayez ça,
> Landerirette,
> Et l'on verra,
> Landerira.

On fait garder le silence;
Suivant Chloé, c'est à tort;
Car au travail on avance
Beaucoup plus en parlant fort.
> Essayez ça,
> Landerirette,
> Et l'on verra,
> Landerira.

Chloé demande qu'on rogne
Ses devoirs par quelque bout;
Car moins on a de besogne,
Et mieux on soigne le tout.
> Essayez ça,
> Landerirette,
> Et l'on verra,
> Landerira.

Chloé ne veut rien entendre
Aux blâmes, aux châtiments,
Et prétend qu'il faut la prendre
Toujours par les sentiments.
　　Essayez ça,
　　Landerirette,
　　Et l'on verra,
　　Landerira.

Mais voyant qu'en cette affaire
Son appel est sans effet,
Chloé se décide à faire
Comme tout le monde fait.
　　Essayez ça,
　　Landerirette,
　　Et l'on verra,
　　Landerira.

LA CHANSON DU PINSON

Il est au bois un vieil or-meau, Où,
du matin au soir, chante un pe-tit oi-seau. Il
est au bois un vieil or-meau, Où, du ma-tin au
soir, chante un pe-tit oi-seau. C'est un pin-
- son plein de fran-chi - - se, Qui sait tout
sans qu'on le lui di - - se. Oui-dà, je
con-nais ta chan-son: Ne sois pas in-dis-cret, tais-
- toi, pe-tit pin-son. Oui-dà, je con-nais ta chan-
- son: Ne sois pas in-dis-cret, tais-toi, pe-tit pin-son.

Il est au bois un vieil ormeau
Où du matin au soir chante un petit oiseau.   } *bis.*
    C'est un pinson plein de franchise,
    Qui sait tout sans qu'on le lui dise.
    — Oui-da! je connais ta chanson :   } *bis.*
Ne sois pas indiscret, tais-toi, petit pinson.

Perd-on le temps à trop jaser,   } *bis.*
Néglige-t-on sa tâche afin de s'amuser,
    L'oiseau caché sous le feuillage
    Dit : Paresseuse, à ton ouvrage!
    —Oui-da! je connais ta chanson :   } *bis.*
Je travaillerai mieux, tais-toi, petit pinson.

Blanche avait battu son chaton,   } *bis.*
A sa bonne maman elle disait que non.
    L'oiseau dit tout haut sur la branche :
    Ne mentez pas, petite Blanche.
    — Oui-da! je connais ta chanson :   } *bis.*
Je ne mentirai plus, tais-toi, petit pinson.

Esther, aux glaces du salon,   } *bis.*
Voyait sa crinoline et disait : Quel ballon!
    Quand tout à coup l'oiseau répète :
    Fi donc! la petite coquette!
    —Oui-da! je connais ta chanson :   } *bis.*
Je me corrigerai, tais-toi, petit pinson.

Ce bon petit musicien   } *bis.*
N'est point un rare oiseau, car chacun a le sien.
    S'est-on fourvoyé par mégarde,
    Une voix nous dit : Prenez garde!
    Écoutez bien cette chanson,   } *bis.*
Et vous ne craindrez pas le babil du pinson.

C'EST LE CHAT

Cha-cun vous van-te-ra La sa-ges-se de Lau-re, Chacun vous van-te-ra La sa-ges-se de Lau-re, Le croira qui voudra, Pour moi j'en doute en-co-re. Ah! je sais bien quel-que cho-se, Mais je ne le di-rai pas.

Chacun vous vantera
La sagesse de Laure,   } bis.
Le croira qui voudra,
Pour moi j'en doute encore.

Ah! je sais bien quelque chose,
Mais je ne le dirai pas.

Par un beau dévouement   } bis.
Auquel je rends justice,
Laure furtivement
Fait sa ronde à l'office.

Ah! je sais bien quelque chose, .
Mais je ne le dirai pas.

Quand le lait s'épaissit,   } bis.
Laure du doigt l'écrème ;
Vu que le déficit
Se répare lui-même.

Ah! je sais bien quelque chose,
Mais je ne le dirai pas.

Elle irait chaque jour   } bis.
Faire visite aux prunes,
S'il en repoussait pour
Combler tant de lacunes.

Ah! je sais bien quelque chose,
Mais je ne le dirai pas.

On ne remplace pas   } bis.
Ce qu'au fromage on ôte,
Mais le chat, dans ce cas,
Répondra de la faute.

Ah! je sais bien quelque chose,
Mais je ne le dirai pas.

Auprès des macarons   } bis.
C'est le minet qui rôde,
Et casse les flacons
En faisant la maraude.

Ah ! je sais bien quelque chose,
Mais je ne le dirai pas.

Mais est-ce bien le chat   } bis.
Qui force les serrures,
Pour toucher au nougat,
Goûter les confitures ?

Ah ! je sais bien quelque chose,
Mais je ne le dirai pas.

Ah ! si le chat pouvait   } bis.
Dire tout ce qu'il pense !
Mais il est si discret,
J'imite son silence.

Ah ! je sais bien quelque chose,
Mais je ne le dirai pas.

ISABEAU

Un jour, u-ne ber-gè-re Ap-pe-lée I-sa-beau, Chan-tait sur la fou-gè-re, En gar-dant son trou-peau. Tra la la la la la, tra la la la la la, tra la la la la la la la.

Un jour, une bergère
Appelée Isabeau,
Chantait sur la fougère
En gardant son troupeau.
Tralala la la la, etc.

Bientôt passe une reine
Sur un blanc palefroi,
Qui lui dit : — Je t'emmène,
Isabelle, avec moi.
Tralala la la la, etc.

Tu chanteras sans cesse,
Car j'aime tes chansons;
Je te ferai duchesse,
Laisse là tes moutons.
Tralala la la la, etc.

La petite Isabelle,
Dans un grand embarras:
— Non, madame, dit-elle,
Maman ne voudrait pas.
Tralala la la la, etc.

— Tes parents, ma mignonne,
Seraient-ils des méchants?
— Ma mère n'a personne
Pour envoyer aux champs.
Tralala la la la, etc.

— Mais cette bonne femme
Doit venir avec nous.
— Et mes moutons, madame,
Vous en chargerez-vous?
Tralala la la la, etc.

— Oui, pour les mener paître
J'enverrai mes dragons,
En leur enjoignant d'être
Et vigilants et bons.
Tralala la la la, etc.

— Leur grosse voix, sans doute,
Effrairait quelque agneau,
Et le troupeau n'écoute
Que la voix d'Isabeau.
Tralala la la la, etc.

— Enfin, dis-moi, ma chère,
Que puis-je pour ton bien?
— Je suis avec ma mère,
Je n'ai besoin de rien.
Tralala la la la, etc.

— Hélas! dit la princesse,
Lui faisant ses adieux,
Je n'ai que la richesse;
Ta mère a beaucoup mieux.
Tralala la la la, etc.

Ensemble, enfant chérie,
Vivez, nous vous donnons
Cent journaux de prairie,
Pour paître vos moutons.
Tralala la la la, etc.

Croyez-le ou non, qu'importe,
Enfant, mère et troupeau
Vécurent de la sorte
Plus heureux qu'au château.
Tralala la la la, etc.

LA SCIENCE D'ESTHER

Dis-nous, chère Es - ther, Ce que tu sais fai -

- re. Saurais-tu se - mer Comme ta grand'mè - re?

Mè - re, mè - re, mè - re, Com-me ta grand'mè - re?

Ah! ah! ah! Dis, que sais - tu fai - re?

LE CHŒUR.

Dis-nous, chère Esther,
Ce que tu sais faire.
Saurais-tu semer
Comme ta grand'mère,
Mère, mère, mère,
Comme ta grand'mère?
Ah! ah! ah!
Dis, que sais-tu faire?

ESTHER.

Je ne puis semer
Comme ma grand'mère.

LE CHŒUR.

Saurais-tu planter
Comme ta grand'mère,
Mère, mère, mère,
Comme ta grand'mère?
Ah! ah! ah!
Dis, que sais-tu faire?

ESTHER.

Je ne puis planter
Comme ma grand'mère.

LE CHŒUR.

Saurais-tu bêcher
Comme ta grand'mère,
Mère, mère, mère,
Comme ta grand'mère?
Ah! ah! ah!
Dis, que sais-tu faire?

ESTHER.

Je ne puis bêcher
Comme ma grand'mère.

LE CHŒUR.

Saurais-tu faucher
Comme ta grand'mère,

Mère, mère, mère,
Comme ta grand mère?
Ah! ah! ah!
Dis, que sais-tu faire?

ESTHER.

Je ne puis faucher
Comme ma grand'mère.

LE CHŒUR.

Saurais-tu faner
Comme ta grand'mère,
Mère, mère, mère,
Comme ta grand'mère?
Ah! ah! ah!
Dis, que sais-tu faire?

ESTHER.

Je ne puis faner
Comme ma grand'mère.

LE CHŒUR.

Saurais-tu vanner
Comme ta grand'mère,
Mère, mère, mère,
Comme ta grand'mère?
Ah! ah! ah!
Dis, que sais-tu faire?

ESTHER.

Je ne puis vanner
Comme ma grand'mère.

LE CHŒUR.

Saurais-tu filer
Comme ta grand'mère,
Mère, mère, mère,
Comme ta grand'mère?
   Ah! ah! ah!
Dis, que sais-tu faire?

ESTHER.

Je ne puis filer
Comme ma grand'mère.

LE CHŒUR.

Saurais-tu broder
Comme ta grand'mère,
Mère, mère, mère,
Comme ta grand'mère?
   Ah! ah! ah!
Dis, que sais-tu faire?

ESTHER.

Je ne puis broder
Comme ma grand'mère.

LE CHŒUR.

Saurais-tu laver
Comme ta grand'mère,
Mère, mère, mère,
Comme ta grand'mère?
   Ah! ah! ah!
Dis, que sais-tu faire?

ESTHER.

Je ne puis laver
Comme ma grand'mère.

LE CHŒUR.

Saurais-tu priser
Comme ta grand'mère,
Mère, mère, mère,
Comme ta grand'mère?
Ah! ah! ah!
Dis, que sais-tu faire?

ESTHER.

Je ne puis priser
Comme ma grand'mère.

LE CHŒUR.

Saurais-tu ramer
Comme ta grand'mère,
Mère, mère, mère,
Comme ta grand'mère?
Ah! ah! ah!
Dis, que sais-tu faire?

ESTHER.

Je ne puis ramer
Comme ma grand'mère.

LE CHŒUR.

Saurais-tu sauter
Comme ta grand'mère,
Mère, mère, mère,

Comme ta grand'mère?
　　Ah! ah! ah!
Dis, que sais-tu faire?

ESTHER.

Je veux travailler
Comme ma grand'mère.

LE CHŒUR.

C'est bien d'imiter
Sa bonne grand'mère,
Mère, mère, mère,
Sa bonne grand'mère,
　　Ah! ah! ah!
On ne peut mieux faire.

La jeune fille qui représente Esther peut se trouver seule au milieu de la ronde, imitant cependant, comme ses compagnes, les divers genres de travaux, à mesure qu'on les indique. En disant : *Mère, mère, mère,* on agite en l'air les deux mains. Quand on dit : *Ah! ah! ah!* on tourne sur soi-même, en frappant trois fois dans ses mains.

MADEMOISELLE DU CLINQUANT

Ma - de - moi - sel - le du Clin - quant, Eh! ne vous

es - ti - mez pas tant! Pre - nez cet a - vis en pas -

- sant. Eh! ne vous zest, Eh! ne vous zist, Eh! ne vous

zest, et zist, et zest, Eh! ne vous es - ti - mez pas tant!

Mademoiselle du Clinquant,
Eh! ne vous estimez pas tant!
Prenez cet avis en passant.
    Eh! ne vous zest,
    Eh! ne vous zist,
Eh! ne vous zest, et zist, et zest,
Eh! ne vous estimez pas tant!

Quand on vous flatte par-devant,
Eh! ne vous estimez pas tant!
Par-derrière on rabat d'autant.
    Eh! ne vous zest, etc.

Vous parlez de tout hardiment,
Eh! ne vous estimez pas tant!
Qui beaucoup parle, beaucoup ment.
    Eh! ne vous zest, etc.

Si votre châle est élégant,
Eh! ne vous estimez pas tant!
Il fait hônneur au fabricant.
    Eh! ne vous zest, etc.

Vos dents sont d'un émail brillant,
Eh! ne vous estimez pas tant!
Vous les tenez d'un éléphant.
    Eh! ne vous zest, etc.

Vos robes ont plus d'un volant,
Eh! ne vous estimez pas tant!
Les payez-vous bien au marchand?
    Eh! ne vous zest, etc.

En ville on dit votre air charmant,
Eh! ne vous estimez pas tant!
Vous rentrez chez vous en grondant.
    Eh! ne vous zest, etc.

Vous déjeunez splendidement,
Eh! ne vous estimez pas tant!
Votre esprit jeûne en attendant.
    Eh! ne vous zest, etc.

Pour la danse, quel beau talent!
Eh! ne vous estimez pas tant!
Pour le tricot, c'est différent.
    Eh! ne vous zest, etc.

Vous avez maint bel agrément,
Eh! ne vous estimez pas tant!
Vous en vaudrez dix fois autant.
    Eh! ne vous zest,
    Eh! ne vous zist,
Eh! ne vous zest, et zist, et zest,
Eh! ne vous estimez pas tant!

A ce refrain : *Eh! ne vous zest, Eh! ne vous zist,* etc., chaque jeune fille doit saluer alternativement, et en conservant la mesure, ses voisines de droite et de gauche.

LES OCCUPATIONS D'ADÈLE

A - dèle, A-dèle, A - dè - le, La   ronde nous ap

- pel - le. A-dèle, A-dèle, A - dè - le, La ron-de nous ap-

- pel - le. J'ai fait, ce   soir, Tout mon de -voir; Que fai-tes

- vous, ma-de-moi-sel - le? Sur   sa grammaire, en ce mo-

- ment,   A - dè - le bâille en s'en - dor - mant.   A -

Pr finir.

A   sa promesse, A - dè - le Se - ra-t-el-le fi - dè - le? A

sa promesse, A - dè - le Se - ra-t-el-le fi - dè - le?

Adèle, Adèle, Adèle!   } bis.
La ronde nous appelle.
J'ai fait, ce soir,
Tout mon devoir;

Que faites-vous, mademoiselle?
Sur sa grammaire, en ce moment,
Adèle bâille en s'endormant.

Adèle, Adèle, Adèle! }*bis.*
La ronde nous appelle.
    J'ai fait, ce soir,
    Tout mon devoir;
Que faites-vous, mademoiselle?
Mademoiselle, en long peignoir,
Se frise devant un miroir.

Adèle, Adèle, Adèle! }*bis.*
La ronde nous appelle.
    J'ai fait, ce soir,
    Tout mon devoir;
Que faites-vous, mademoiselle?
Mademoiselle, sans souci,
Les bras croisés travaille ainsi.

Adèle, Adèle, Adèle! }*bis.*
La ronde nous appelle.
    J'ai fait, ce soir,
    Tout mon devoir;
Que faites-vous, mademoiselle?
Ses dix doigts battent, sans piano,
Sur la table un andantino.

Adèle, Adèle, Adèle! }*bis.*
La ronde nous appelle.
    J'ai fait, ce soir,
    Tout mon devoir;

Que faites-vous, mademoiselle?
Voyant de sa fenêtre un nid,
Elle appelle : Petit! petit!

Adèle, Adèle, Adèle!   } *bis.*
La ronde nous appelle,
    J'ai fait, ce soir,
    Tout mon devoir;
Que faites-vous, mademoiselle?
Elle corrige son poupard
Qui raisonne et devient bavard.

Adèle, Adèle, Adèle!   } *bis.*
La ronde nous appelle.
    J'ai fait, ce soir,
    Tout mon devoir;
Que faites-vous, mademoiselle?
Adèle, aux genoux du papa
Fait son très-grand *mea culpa.*

Adèle, Adèle, Adèle!   } *bis.*
La ronde nous appelle.
    J'ai fait, ce soir,
    Tout mon devoir;
Que faites-vous, mademoiselle?
Papa, dit-elle, je promets
De mieux travailler désormais.
    A sa promesse, Adèle   } *bis.*
    Sera-t-elle fidèle?

La ronde doit s'arrêter, à chaque couplet, pour faire la pantomime des diverses actions d'Adèle.

MON BEAU RUBAN FIN

Eh! que me font, mes-de-moi-
- sel - les, Vos cri-no-li - nes, vos den-tel-les? Passez, pas-
- sez vo-tre che-min, J'ai mon ruban fin, J'ai mon ruban
fin, Mon jo-li gris jaune, mon gris jo-li, Mon beau ruban
gris, Mon beau ru-ban gris, Mon jo-li gris
jau-ne, mon gris jo-li, Mon beau ru-ban gris.

Eh! que me font, mesdemoiselles,
Vos crinolines, vos dentelles?
Passez, passez votre chemin,
J'ai mon ruban fin, (bis.)

Mon joli gris-jaune, mon gris joli,
    Mon beau ruban gris, (*bis.*)
Mon joli gris-jaune, mon gris joli,
    Mon beau ruban gris.

Comme un panache, aux jours de fête,
Quand il voltige sur ma tête,
La voisine dit au voisin :
    Quel beau ruban fin ! (*bis.*)
Mon joli gris-jaune, mon gris joli, etc.

Malheur à qui, dame ou princesse,
Ferait tomber, par maladresse,
Un reste de sauce ou de vin
    Sur mon ruban fin, (*bis.*)
Mon joli gris-jaune, mon gris joli, etc.

C'est qu'avec soin je le ménage ;
Et pour qu'il fasse plus d'usage,
Je ne mets pas, chaque matin,
    Mon beau ruban fin, (*bis.*)
Mon joli gris-jaune, mon gris joli, etc.

Quand je me suis bien pavanée
Deçà, delà, dans la journée,
Avec regret je quitte enfin
    Mon beau ruban fin, (*bis.*)
Mon joli gris-jaune, mon gris joli, etc.

Avant que de le mettre en gage,
Je vendrais plutôt mon ménage;
Car il est du meilleur satin,
     Mon beau ruban fin, (*bis.*)
Mon joli gris-jaune, mon gris joli, etc.

Si, par malheur, on te dérobe
Quelque jour de ma garde-robe,
J'en mourrai, je crois, de chagrin,
     Mon beau ruban fin! (*bis.*)
Mon joli gris-jaune, mon gris joli,
     Mon beau ruban gris, (*bis.*)
Mon joli gris-jaune, mon gris joli,
     Mon beau ruban gris.

L'AIGUILLE ET LA LANGUE DE PAMÉLA

De Paméla, ma voisine, Voici tout le bien foncier : Ai-guil-le poin-tue et fi-ne, Et lan-gue du même a-cier. Ti-re l'ai-guil-le, lon la ! la. Ser-re ta lan-gue, Pa-mé-la.

De Paméla, ma voisine,
Voici tout le bien foncier :
Aiguille pointue et fine,
Et langue du même acier.

Tire l'aiguille, lon la la !
Serre la langue, Paméla.

Elle est fort bien affilée,
— De l'aiguille nous parlons. —
La langue n'est pas gelée,
Demandez à nos salons.

Tire l'aiguille, lon la la !
Serre ta langue, Paméla.

Bien qu'elle soit bonne fille,
Paméla, dans son entrain,
Donne, contre un coup d'aiguille,
Vingt coups de langue au prochain.

Tire l'aiguille, lon la la !
Serre ta langue, Paméla.

Est-ce l'aiguille admirable,
Direz-vous, qui court le mieux,
Ou la langue infatigable ?
Je réponds : Toutes les deux.

Tire l'aiguille, lon la la !
Serre ta langue, Paméla.

Avec art l'aiguille agile
Nuance la soie et l'or.
Écho des bruits de la ville,
L'autre brode mieux encor.

Tire l'aiguille, lon la la !
Serre ta langue, Paméla.

De cette aiguille modèle
Le coton s'échappe-t-il ?
En brodant une nouvelle,
L'autre ne perd pas le fil.

Tire l'aiguille, lon la la!
Serre ta langue, Paméla.

Entre deux trousseaux de fête
L'aiguille chôme un moment,
L'autre jamais ne s'arrête,
Et jase même en dormant.

Tire l'aiguille, lon la la!
Serre ta langue, Paméla.

Hardiment l'aiguille pique
Dans la laine et le nankin;
L'autre, prompte à la réplique,
Pique et repique un faquin.

Tire l'aiguille, lon la la!
Serre ta langue, Paméla.

Et pourtant ces gentillesses
Font souvent couler des pleurs;
Si l'aiguille unit les pièces,
La langue éloigne les cœurs.

Tire l'aiguille, lon la la!
Serre ta langue, Paméla.

Telle croit coudre une poche
Qui se pique jusqu'au sang.
Souvent le trait qu'il décoche
Revient frapper le plaisant.

Tire l'aiguille, lon la la!
Serre ta langue, Paméla.

Brise la pointe cruelle
Qu'on redoute en tes discours,
Mais n'émousse jamais celle
Qui pique dans le velours.

Tire l'aiguille, lon la la!
Serre ta langue, Paméla.

NANON LA BOUDEUSE

Un jour que Na-non bou-dait, Un jour
que Nanon bou-dait, Bon-ne tan-te pro-met-tait Bon-ne
tan-te pro-met-tait Des tar-ti-nes, Des bot-ti-nes, Un nœud
de ve-lours, Na-non bou-dait tou-jours.

Un jour que Nanon boudait, (*bis.*)
Bonne tante promettait　　(*bis.*)
　　Des tartines,
　　Des bottines,
　Un nœud de velours :
Nanon boudait toujours.

Un jour que Nanon boudait, (*bis.*)
Bonne tante promettait　　(*bis.*)
　　Un mouton
　　En cärton,

(1) Ces deux mesures se répètent autant de fois qu'il est nécessaire.

Des tartines,
Des bottines,
Un nœud de velours :
Nanon boudait toujours.

Un jour que Nanon boudait, *(bis.)*
Bonne tante promettait   *(bis.)*
   Des charrettes
   A roulettes,
   Un mouton,
   En carton,
   Des tartines,
   Des bottines,
Un nœud de velours :
Nanon boudait toujours.

Un jour que Nanon boudait, *(bis.)*
Bonne tante promettait   *(bis.)*
   De petits
   Lapins gris,
   Des charrettes
   A roulettes,
   Un mouton
   En carton,
   Des tartines,
   Des bottines,
Un nœud de velours :
Nanon boudait toujours.

Un jour que Nanon boudait, *(bis.)*
Bonne tante promettait   *(bis.)*

Des guipures,
Des gravures,
De petits
Lapins gris,
Des charrettes
A roulettes,
Un mouton
En carton,
Des tartines,
Des bottines,
Un nœud de velours :
Nanon boudait toujours.

Un jour que Nanon boudait, (*bis.*)
Bonne tante promettait   (*bis.*)
Un morceau
De gâteau,
Des guipures,
Des gravures,
De petits
Lapins gris,
Des charrettes
A roulettes,
Un mouton
En carton,
Des tartines,
Des bottines,
Un nœud de velours :
Nanon boudait toujours.

Un jour que Nanon boudait, (*bis.*)
Bonne tante promettait   (*bis.*)

Des manchettes,
Des noisettes,
Un morceau
De gâteau,
Des guipures,
Des gravures,
De petits
Lapins gris,
Des charrettes
A roulettes,
Un mouton
En carton,
Des tartines,
Des botines,
Un nœud de velours :
Nanon boudait toujours.

Un jour que Nanon boudait, *(bis.)*
Bonne tante promettait,   *(bis.)*
Avec les
Bracelets,
Des manchettes,
Des noisettes,
Un morceau
De gâteau,
Des guipures,
Des gravures,
De petits
Lapins gris,
Des charrettes
A roulettes,
Un mouton
En carton,

Des tartines,
Des bottines,
Un nœud de velours :
Nanon boudait toujours.

Un jour que Nanon boudait, (*bis.*)
Bonne tante promettait   (*bis.*)
        Des aiguilles,
        Des pastilles,
        Avec les
        Bracelets,
        Des manchettes,
        Des noisettes,
        Un morceau
        De gâteau,
        Des guipures,
        Des gravures,
        De petits
        Lapins gris,
        Des charrettes
        A roulettes,
        Un mouton
        En carton,
        Des tartines,
        Des bottines,
    Un nœud de velours :
    Nanon boudait toujours.

Un jour que Nanon boudait, (*bis.*)
Bonne tante promettait   (*bis.*)
        Un peignoir
        Rouge et noir,

Des aiguilles,
Des pastilles,
Avec les
Bracelets,
Des manchettes,
Des noisettes,
Un morceau
De gâteau,
Des guipures,
Des gravures,
De petits
Lapins gris,
Des charrettes
A roulettes,
Un mouton
En carton,
Des tartines,
Des bottines,
Un nœud de velours :
Nanon boudait toujours.

Un jour que Nanon boudait, (*bis.*)
Bonne tante promettait   (*bis.*)
Des dentelles
De Bruxelles,
Un peignoir
Rouge et noir,
Des aiguilles,
Des pastilles,
Avec les
Bracelets,
Des manchettes,
Des noisettes,

Un morceau
De gâteau,
Des guipures,
Des gravures,
De petits
Lapins gris,
Des charrettes
A roulettes,
Un mouton
En carton,
Des tartines,
Des bottines,
Un nœud de velours :
Nanon boudait toujours.

Un jour que Nanon boudait, (*bis.*)
Bonne tante promettait   (*bis.*)
Un pantin,
Un boudin,
Des dentelles
De Bruxelles,
Un peignoir
Rouge et noir,
Des aiguilles,
Des pastilles,
Avec les
Bracelets,
·Des manchettes,
Des noisettes,
Un morceau
De gâteau,
Des guipures,
Des gravures,

De petits
Lapins gris,
Des charrettes
A roulettes,
Un mouton
En carton,
Des tartines,
Des bottines,
Un nœud de velours :
Nanon boudait toujours.

Un jour que Nanon boudait, (*bis.*)
Bonne tante promettait   (*bis.*)
Un ménage,
Une cage,
Un pantin,
Un boudin,
Des dentelles
De Bruxelles,
Un peignoir
Rouge et noir,
Des aiguilles,
Des pastilles,
Avec les
Bracelets,
Des manchettes,
Des noisettes,
Un morceau
De gâteau,
Des guipures,
Des gravures,
De petits
Lapins gris,

Des charrettes
A roulettes,
Un mouton
En carton,
Des tartines,
Des bottines,
Un nœud de velours :
Nanon boudait toujours.

Un jour que Nanon boudait, (*bis.*)
Bonne tante promettait   (*bis.*)
Des rubans,
Des bas blancs,
Un ménage,
Une cage,
Un pantin,
Un boudin,
Des dentelles
De Bruxelles,
Un peignoir
Rouge et noir,
Des aiguilles,
Des pastilles,
Avec les
Bracelets,
Des manchettes,
Des noisettes,
Un morceau
De gâteau,
Des guipures,
Des gravures,
De petits
Lapins gris,

Des charrettes
A roulettes,
Un mouton
En carton,
Des tartines,
Des bottines,
Un nœud de velours :
Nanon boudait toujours.

Un jour que Nanon boudait, (*bis.*)
Bonne tante promettait   (*bis.*)
Des pralines
Superfines,
Des rubans,
Des bas blancs,
Un ménage,
Une cage,
Un pantin,
Un boudin,
Des dentelles
De Bruxelles,
Un peignoir
Rouge et noir,
Des aiguilles,
Des pastilles,
Avec les
Bracelets,
Des manchettes,
Des noisettes,
Un morceau
De gâteau,
Des guipures,
Des gravures,

De petits
Lapins gris,
Des charrettes
A roulettes,
Un mouton
En carton,
Des tartines,
Des bottines,
Un nœud de velours :
Nanon boudait toujours.

Un jour que Nanon boudait, (*bis.*)
Bonne tante promettait   (*bis.*)
Un moulin,
Un serin,
Des pralines
Superfines,
Des rubans,
Des bas blancs,
Un ménage,
Une cage,
Un pantin,
Un boudin,
Des dentelles
De Bruxelles,
Un peignoir
Rouge et noir,
Des aiguilles,
Des pastilles,
Avec les
Bracelets,
Des manchettes,
Des noisettes,

Un morceau
De gâteau,
Des guipures,
Des gravures,
De petits
Lapins gris,
Des charrettes
A roulettes,
Un mouton
En carton,
Des tartines,
Des bottines ;
Mais Nanon
Disant : Non !
Bonne tante,
Mécontente,
Vous la planta là :
Nanon se consola.

LE ROSIER D'ARMELLE

Qu'elle é - tait bonne, Ar - melle! En voi - ci
le por - trait, En voi - ci le por - trait : Elle é - tait
sage et belle, Et cha - cun l'ad - mi - rait. Les ro - ses
de no - tre jar - din Ne du - rent qu'un ma - tin.

Qu'elle était bonne, Armelle !
En voici le portrait :   (*bis.*)
Elle était sage et belle,
Et chacun l'admirait.
Les roses de notre jardin
    Ne durent qu'un matin.

Près de sa maisonnette,
Un beau rosier fleuri   (*bis.*)
Offrait à la fauvette
Un calme et sûr abri.
Les roses de notre jardin
    Ne durent qu'un matin.

L'une gaîment fredonne,
Au lever du soleil,   (bis.)
Chaque jour l'autre donne
Un gros bouquet vermeil.
Les roses de notre jardin
 Ne durent qu'un matin.

Lorsque sur la pelouse
Elle essayait des airs,   (bis.)
La fauvette jalouse
Y mêlait ses concerts.
Les roses de notre jardin
 Ne durent qu'un matin.

Dans l'heureuse famille
Ainsi passaient les jours.   (bis.)
Oiseau, fleurs, jeune fille,
Embellissaient toujours.
Les roses de notre jardin
 Ne durent qu'un matin.

Mais un vent froid se lève,
Un vent glacé du nord;   (bis.)
Il engourdit la séve,
Et le rosier est mort.
Les roses de notre jardin
 Ne durent qu'un matin.

Une chatte cachée
Auprès de l'arbrisseau,   (bis.)
Ne fit qu'une bouchée,
Hélas! du pauvre oiseau.

Les roses de notre jardin
　Ne durent qu'un matin.

A la saison nouvelle
Où tout renaît joyeux,　　(*bis.*)
Depuis longtemps Armelle
Avait fermé les yeux.
Les roses de notre jardin
　Ne durent qu'un matin.

Oui, la beauté succombe
Avec la fleur des champs.　(*bis.*)
Aujourd'hui, sur la tombe
On lit ces mots touchants :
Les roses de notre jardin
　Ne durent qu'un matin.

LE DINER A LA COUR

Staccato.

Un jour, par la reine in - vi - té - e, Je de - vais dî - ner à la cour. A - fin d'ê - tre mieux a - jus - té - e, J'é - tais au mi - roir dès le jour; Mais quand j'es - say - ais un sou - ri - re, La glace en tom - bant se cas - sa. J'au - rais pris le par - ti d'en ri - re, Si ce n'eût é - té que ce - la.

Un jour, par la reine invitée,
Je devais dîner à la cour.
Afin d'être mieux ajustée,
J'étais au miroir dès le jour.

9.

Mais, quand j'essayais un sourire,
La glace en tombant se cassa.
J'aurais pris le parti d'en rire,
Si ce n'eût été que cela.

En approchant, je vis un garde,
Comme le roi tout galonné.
A l'aspect de sa hallebarde,
Aussitôt, je me prosternai.
— Je ne suis, moi, qu'un pauvre sire,
Me dit-il, que faites-vous là ! —
J'aurais pris le parti d'en rire,
Si ce n'eût été que cela.

Quand je parus devant la reine,
J'avais tout prêt un compliment
Que, depuis plus d'une semaine,
Je répétais bien couramment.
Ma bouche, au moment de le dire,
Au lieu de s'ouvrir se ferma.
J'aurais pris le parti d'en rire,
Si ce n'eût été que cela.

L'appétit me rouvrit la bouche.
On servait en vaisselle d'or.
Il faut qu'à chaque mets je touche,
Qu'à chacun je réponde encor.
Tout allait bien; mais quel martyre !
Mon café trop chaud me brûla.
J'aurais pris le parti d'en rire,
Si ce n'eût été que cela.

Après le dîner, la princesse
Nous emmena sauter aux champs.
Voulant montrer ma gentillesse,
Dans une mare je m'étends.
Par les cheveux l'une me tire,
Et l'autre par un falbala.
J'aurais pris le parti d'en rire,
Si ce n'eût été que cela.

Une baronne vénérable
Me dit, au moment du départ :
— Enfant, voulez-vous être aimable,
Mettez-y moins d'apprêts, moins d'art.
Car, en cherchant à se produire,
L'enfant perd la grâce qu'il a.
— Madame, ajoutai-je sans rire,
Mes beaux exploits m'ont dit cela.

LA RONDE MYSTÉRIEUSE

A quel ex - cès fa-tal Porte une humeur lé - gè - re! A quel ex - cès fa-tal Porte une humeur lé - gè - re! Ma-ri-on pour le bal Dé-lais-sait son vieux pè - re. Ah! ri-ez, ah! ri-ez donc! Bel-le Ma-ri - on- net - te. Ah! ri-ez, ah! ri-ez donc! Bel-le Ma-ri - on.

A quel excès fatal
Porte une humeur légère! }bis.
Marion pour le bal
Délaissait son vieux père.

Ah! riez, ah! riez donc!
Belle Marionnette,
Ah! riez, ah! riez donc!
Belle Marion.

Un soir, qu'après minuit
Elle rentrait chez elle,   }*bis.*
Un chevalier la suit,
Qui lui dit : Viens, ma belle.

Ah! riez, ah! riez donc! etc.

Or, ce guide infernal
Avait noire figure.   }*bis.*
Noir était son cheval,
Et noire son armure.

Ah! riez, ah! riez donc! etc.

Le sang de Marion
A cet aspect se glace,   }*bis.*
Et son noir compagnon
Vite en croupe la place.

Ah! riez, ah! riez donc! etc.

Le cheval au galop
Comme un éclair s'élance ;   }*bis.*
On entendait : Top! top!
Au milieu du silence.

Ah! riez, ah! riez donc! etc.

Ils franchissaient les monts,
Les torrents et la plaine   }*bis.*
Sans vider les arçons,
Et sans reprendre haleine.

Ah! riez, ah! riez donc! etc.

Ils voyaient autour d'eux }bis.
Voler dans les ténèbres,
Des vampires hideux,
Et des hiboux funèbres.

Ah! riez, ah! riez donc! etc.

Où donc s'arrêtera }bis.
Cette course effrénée?
On dit qu'elle dura
Pendant toute une année.

Ah! riez, ah! riez donc!

Quand du cheval maudit }bis.
Descendit la danseuse,
Son pied droit se tordit :
Elle en resta boiteuse.

Ah! riez, ah! riez donc!
Belle Marionnette,
Ah! riez, ah! riez donc!
Belle Marion.

L'ENTERREMENT DE LA POUPÉE

De Malvina plaignez le sort.
  Elle était si gentille!
Sa mère en l'embrassant trop fort,
  A fait fondre sa fille.

Rassurez-vous, cependant,
C'est une poupée en cire
Qui nous cause un deuil si grand;
Mais gardez-vous bien d'en rire.
De Malvina plaignez le sort, etc.

Voyant pâlir promptement
Les couleurs de son visage,
Elle fit son testament,
Comme c'est assez l'usage.
De Malvina plaignez le sort, etc.

« Je lègue, à défaut de bien,
Dit-elle en sa maladie,
La roideur de mon maintien
A quelque jeune étourdie.»
De Malvina plaignez le sort, etc.

« J'écoutais sans contester
Mainte grave remontrance,
A qui pourra m'imiter,
Plus, je lègue mon silence. »
De Malvina plaignez le sort, etc.

« Je veux que ces vains atours,
Dont je fus trop occupée,
Soient donnés, sous peu de jours,
A la plus pauvre poupée.»
De Malvina plaignez le sort, etc.

A ces mots elle se tait.
Un baiser... baiser suprême!
Enleva ce qui restait
De couleur à son front blême.
De Malvina plaignez le sort, etc.

Puis, en un cercueil étroit,
Poche vide ou bonbonnière,
On emporte ce corps froid
A sa demeure dernière.
De Malvina plaignez le sort, etc.

Thècle portait son manteau,
Doux présent de Caroline,
Clara portait son chapeau,
Et Zoé sa crinoline.
De Malvina plaignez le sort, etc.

La mère, essuyant ses yeux,
Donnait le bras à Clémence;
Rose imitait de son mieux
Leur douleur de circonstance.
De Malvina plaignez le sort, etc.

Puis, au pied d'un gros chou-fleur
Dans la terre l'on dépose,
Avec surcroît de douleur,
Le cercueil de papier rose.
De Malvina plaignez le sort, etc.

Sur un banc de vert gazon,
Tout à coup, monte Henriette,
Pour prononcer l'oraison
Funèbre de la pauvrette.
De Malvina plaignez le sort, etc.

L'orateur disait : « Parents,
Dont la main toujours caresse,
N'étouffez pas vos enfants
Dans un accès de tendresse. »
De Malvina plaignez le sort, etc.

VISITE D'UNE ANCIENNE PENSIONNAIRE

AU COUVENT.

Quand, a - près trois ans, Clé - men - ce Vint re -
voir les lieux charmants Où s'é - cou - la son en - fan - ce, Quels dé -
- li - ci - eux moments! • *Parlé.* *puis :* Quand j'ob - te - nais mon par -
- don, La bredon - don, bredondon, bredon - dai - ne. Quand j'ob -
- te - nais mon par - don, La bredondon, bredondon, bredon - don.

PROCÉDÉ A. CUANZA.

Quand, après trois ans, Clémence
Vint revoir les lieux charmants
Où s'écoula son enfance,
Quels délicieux moments!

   O pension! chère pension! où j'ai passé les plus heureux jours
de ma vie! sans remords de la veille et sans souci du lendemain!
sans reproches, sans punitions...

Quand j'obtenais mon pardon,
La bredondon, bredondon, bredondaine,
Quand j'obtenais mon pardon.
La bredondon, bredondon, bredondon.

En voyant une maîtresse
Qui s'éloignait à grands pas,
Clémence vole, s'empresse,
Et se jette dans ses bras.

O maîtresse! bonne maîtresse! vous ne me reconnaissez donc pas?... Un bon lutin, si sage, si aimable, si ordonné...

Et plus souvent si brouillon.
La bredondon, bredondon, bredondaine, etc.

En entrant au réfectoire,
Tous les repas qu'elle y prit
Lui reviennent en mémoire,
Son estomac s'attendrit.

O réfectoire! pauvre réfectoire! où j'ai mangé du rôti, du bouilli, des pommes de terre, des haricots même, sans grands apprêts, il est vrai...

Mais d'un appétit si bon.
La bredondon, bredondon, bredondaine, etc.

On passait devant l'étude :
Elle y veut revoir son banc;
Et, vieux reste d'habitude,
Fait une moue en entrant.

O étude! chère étude! où j'ai barbouillé tant de papier! et copié de ma main tant de beaux passages de nos meilleurs auteurs...

Sans compter mainte leçon.
La bredondon, bredondon, bredondaine, etc.

Plus loin, la cour lui rappelle
Le bonheur qu'elle a goûté.
Dans le monde on n'a, dit-elle,
Jamais si franche gaîté.

O cour! pauvre cour! où j'ai couru, sauté, et dansé tant de rondes...

Sans hautbois, sans violon.
La bredondon, bredondon, bredondaine, etc.

Qu'on dort bien la nuit entière,
Au dortoir, où, bien souvent,
Elle revoyait sa mère
Et son pays, en rêvant.

O dortoir! paisible dortoir! où j'ai fait de si beaux rêves! et dormi du soir au matin, d'un bon sommeil, d'un sommeil de marmotte, d'un sommeil... que n'aurait pu déranger...

Tout le fracas du canon.
La bredondon, bredondon, bredondaine, etc.

Comme l'on sortait de classe,
Vers Clémence l'on accourt :
On parle, on pleure, on s'embrasse,
Personne n'était à court.

O amie! chère amie! Vous voilà donc! Comment allez-vous? Il y a bien longtemps que nous ne vous avions vue! Vos parents se portent-ils bien?...

Et quelle mode suit-on?
La bredondon, bredondon, bredondaine, etc.

N'ayant point sa langue en poche,
Chacun parlait, parlait...

Lorsque, tout à coup, la cloche
Vint leur couper le sifflet,

O cloche! maudite cloche! c'est toujours comme de mon temps!
Personne ne prendra donc un couteau pour...

Couper ton fatal cordon.
La bredondon, bredondon, bredondaine, etc.

En riant, cette jeunesse
Lui fait d'aimables adieux,
Mais Clémence avec tristesse
Disait, les larmes aux yeux :

O trop heureuse la jeunesse! si elle connaissait son bonheur!
Quel dommage qu'on s'en aperçoive trop tard! Si seulement on
en croyait l'expérience des autres!...

Mais on vous répond : Chanson !
La bredondon, bredondon, bredondaine.
Mais on vous répond : Chanson !
La bredondon, bredondon, bredondon.

FIN DES RONDES DU COUVENT.

TABLE

FIN DE LA TABLE.

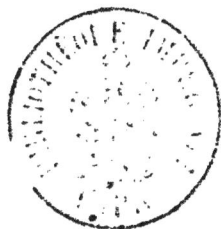

Paris. — Imprimerie de É.-J. BLOT et Cⁱᵉ, rue Saint-Louis, 46
(Ancienne maison Dondey-Dupré.)

A LA MÊME LIBRAIRIE

Musée littéraire et scientifique de l'École et de la Famille, religion, morale, littérature, sciences, etc. Collection de 10 magnifiques volumes grand in-8° pour distributions de prix, étrennes, etc.; par MM. THOMAS-LEFEBVRE et PIÉROT-OLRY. — Mise en vente du premier volume le 1er juin 1859; mise en vente du deuxième volume le 1er septembre 1859. Les autres volumes paraîtront successivement aux mêmes dates de chaque année. — Prix de chaque volume, broché, 5 fr.

Les Vierges du foyer, légendes poétiques et morales, par BARRILLOT. Magnifique volume in-8°, broché. — Prix : 4 fr.

Trésor poétique, livre de récitation. 300 morceaux de poésie empruntés pour la plupart aux poètes du dix-neuvième siècle; par LAROUSSE et BOYER. 2e édition, enrichie de morceaux nouveaux. Volume in-18 de près de 500 pages. — Prix : 2 fr.

Le Moraliste des Enfants, recueil de poésies à l'usage du jeune âge; par M. J. P. WORMS. Joli volume grand in-18. — Édition classique : 75 c.; édition de luxe : 1 fr.

Nouveau Théâtre d'éducation. Cinq volumes in-18, de chacun 300 pages. — Premier volume, 8 pièces en 1 acte pour demoiselles; deuxième volume, 8 pièces en 1 acte pour jeunes gens; troisième volume, 8 pièces et dialogues en 1 acte, à l'usage des deux sexes; quatrième volume, 4 pièces en 2 et 3 actes pour jeunes gens; cinquième volume, 4 pièces en 2 et 3 actes pour demoiselles. — Prix de chaque volume : 3 fr.

Les Rondes du Couvent, 30 morceaux de poésie enfantine, avec la musique des airs appropriés aux rondes. Joli volume format Charpentier; par M. MOREAU. — Prix : 1 fr. 50 c.

Keepsake didactique, dédié à la jeunesse. Ouvrage divisé en 8 séries et 125 tableaux, renfermant des notions curieuses et instructives sur toutes les branches des connaissances humaines; par L. CÉLESTIN, professeur à Paris. Volume format Charpentier. — Prix : 2 fr.

Opinions des Anciens et des Modernes sur l'Éducation, livre des Pères de famille et des Instituteurs; par L.-J. LARCHER. Volume in-18 jésus. — Prix, broché : 3 fr.

Opinions des Anciens et des Modernes sur l'Éducation des filles, livre des Mères de famille et des Institutrices; par le MÊME. Volume in-18 jésus. — Prix, broché : 3 fr.

PARIS. — IMPRIMERIE DE ÉD. BLOT ET Cie, RUE SAINT-LOUIS, 46.
Ancienne maison Dondey-Dupré.

www.ingramcontent.com/pod-product-compliance
Lightning Source LLC
Chambersburg PA
CBHW060559100426
42744CB00008B/1250